DIRECTORY

NAME	ADDRESS		

August

SUNDAY	MONDAY	TUESDAY	WEDNESDA
1 23 av	**2** 24 av	**3** 25 av	**4** 2(
8 30 av **ROSH CHODESH**	**9** 1 elul **ROSH CHODESH**	**10** 2 elul	**11** 3
15 7 elul	**16** 8 elul	**17** 9 elul	**18** 10
22 14 elul	**23** 15 elul	**24** 16 elul	**25** 17
29 21 elul	**30** 22 elul	**31** 23 elul	

THURSDAY	FRIDAY	SATURDAY
27 av	**6** 28 av	**7** 29 av
		Re'eh
4 elul	**13** 5 elul	**14** 6 elul
		Shoftim
11 elul	**20** 12 elul	**21** 13 elul
		Ki Teitzei
18 elul	**27** 19 elul	**28** 20 elul
		Ki Tavo **SELICHOT**

5782

SEPTEMBER							OCTOBER						
S	M	T	W	T	F	S	S	M	T	W	T	F	S
			1	2	3	4						1	2
5	6	7	8	9	10	11	3	4	5	6	7	8	9
12	13	14	15	16	17	18	10	11	12	13	14	15	16
19	20	21	22	23	24	25	17	18	19	20	21	22	23
26	27	28	29	30			24/31	25	26	27	28	29	30

NOVEMBER							DECEMBER						
S	M	T	W	T	F	S	S	M	T	W	T	F	S
	1	2	3	4	5	6				1	2	3	4
7	8	9	10	11	12	13	5	6	7	8	9	10	11
14	15	16	17	18	19	20	12	13	14	15	16	17	18
21	22	23	24	25	26	27	19	20	21	22	23	24	25
28	29	30					26	27	28	29	30	31	

JANUARY							FEBRUARY						
S	M	T	W	T	F	S	S	M	T	W	T	F	S
						1			1	2	3	4	5
2	3	4	5	6	7	8	6	7	8	9	10	11	12
9	10	11	12	13	14	15	13	14	15	16	17	18	19
16	17	18	19	20	21	22	20	21	22	23	24	25	26
23/30	24/31	25	26	27	28	29	27	28					

MARCH							APRIL						
S	M	T	W	T	F	S	S	M	T	W	T	F	S
		1	2	3	4	5						1	2
6	7	8	9	10	11	12	3	4	5	6	7	8	9
13	14	15	16	17	18	19	10	11	12	13	14	15	16
20	21	22	23	24	25	26	17	18	19	20	21	22	23
27	28	29	30	31			24	25	26	27	28	29	30

MAY							JUNE						
S	M	T	W	T	F	S	S	M	T	W	T	F	S
1	2	3	4	5	6	7				1	2	3	4
8	9	10	11	12	13	14	5	6	7	8	9	10	11
15	16	17	18	19	20	21	12	13	14	15	16	17	18
22	23	24	25	26	27	28	19	20	21	22	23	24	25
29	30	31					26	27	28	29	30		

JULY							AUGUST						
S	M	T	W	T	F	S	S	M	T	W	T	F	S
					1	2		1	2	3	4	5	6
3	4	5	6	7	8	9	7	8	9	10	11	12	13
10	11	12	13	14	15	16	14	15	16	17	18	19	20
17	18	19	20	21	22	23	21	22	23	24	25	26	27
24/31	25	26	27	28	29	30	28	29	30	31			

5781–82 2021 September

SUNDAY	MONDAY	TUESDAY	WEDNESDA
			1 24
5 28 elul	**6** 29 elul 🕯 LABOR DAY **EREV ROSH HASHANAH**	**7** 1 tishri 🕯 **ROSH HASHANAH**	**8** 2 t **ROSH HASHA**
12 6 tishri	**13** 7 tishri	**14** 8 tishri	**15** 9 tishri **KOL NI**
19 13 tishri	**20** 14 tishri 🕯 **EREV SUKKOT**	**21** 15 tishri 🕯 **SUKKOT**	**22** 16 t FALL BE **SUK**
26 20 tishri **INTERMEDIATE DAY**	**27** 21 tishri 🕯 **HOSHANAH RABBAH**	**28** 22 tishri 🕯 **YIZKOR** **SHEMINI ATZERET**	**29** 23 t **SIMCHAT TO**

THURSDAY	FRIDAY	SATURDAY
25 elul	**3** 26 elul 🕯️	**4** 27 elul 📜 *Nitzavim*
3 tishri **FAST OF GEDALIAH**	**10** 4 tishri 🕯️	**11** 5 tishri 📜 *Vayeilech* **SHABBAT SHUVAH**
6 10 tishri **YIZKOR** **YOM KIPPUR**	**17** 11 tishri 🕯️	**18** 12 tishri 📜 *Ha'azinu*
3 17 tishri **INTERMEDIATE DAY**	**24** 18 tishri 🕯️ **INTERMEDIATE DAY**	**25** 19 tishri 📜 **INTERMEDIATE DAY**
0 24 tishri		

5782

SEPTEMBER						
S	M	T	W	T	F	S
			1	2	3	4
5	6	7	8	9	10	11
12	13	14	15	16	17	18
19	20	21	22	23	24	25
26	27	28	29	30		

OCTOBER						
S	M	T	W	T	F	S
					1	2
3	4	5	6	7	8	9
10	11	12	13	14	15	16
17	18	19	20	21	22	23
24/31	25	26	27	28	29	30

NOVEMBER						
S	M	T	W	T	F	S
	1	2	3	4	5	6
7	8	9	10	11	12	13
14	15	16	17	18	19	20
21	22	23	24	25	26	27
28	29	30				

DECEMBER						
S	M	T	W	T	F	S
			1	2	3	4
5	6	7	8	9	10	11
12	13	14	15	16	17	18
19	20	21	22	23	24	25
26	27	28	29	30	31	

JANUARY						
S	M	T	W	T	F	S
						1
2	3	4	5	6	7	8
9	10	11	12	13	14	15
16	17	18	19	20	21	22
23/30	24/31	25	26	27	28	29

FEBRUARY						
S	M	T	W	T	F	S
		1	2	3	4	5
6	7	8	9	10	11	12
13	14	15	16	17	18	19
20	21	22	23	24	25	26
27	28					

MARCH						
S	M	T	W	T	F	S
		1	2	3	4	5
6	7	8	9	10	11	12
13	14	15	16	17	18	19
20	21	22	23	24	25	26
27	28	29	30	31		

APRIL						
S	M	T	W	T	F	S
					1	2
3	4	5	6	7	8	9
10	11	12	13	14	15	16
17	18	19	20	21	22	23
24	25	26	27	28	29	30

MAY						
S	M	T	W	T	F	S
1	2	3	4	5	6	7
8	9	10	11	12	13	14
15	16	17	18	19	20	21
22	23	24	25	26	27	28
29	30	31				

JUNE						
S	M	T	W	T	F	S
			1	2	3	4
5	6	7	8	9	10	11
12	13	14	15	16	17	18
19	20	21	22	23	24	25
26	27	28	29	30		

JULY						
S	M	T	W	T	F	S
					1	2
3	4	5	6	7	8	9
10	11	12	13	14	15	16
17	18	19	20	21	22	23
24/31	25	26	27	28	29	30

AUGUST						
S	M	T	W	T	F	S
	1	2	3	4	5	6
7	8	9	10	11	12	13
14	15	16	17	18	19	20
21	22	23	24	25	26	27
28	29	30	31			

October

5782
2021

SUNDAY	MONDAY	TUESDAY	WEDNESDA
3 27 tishri	**4** 28 tishri	**5** 29 tishri	**6** 30 t **ROSH CHOD**
10 4 cheshvan	**11** 5 cheshvan CANADIAN THANKSGIVING COLUMBUS DAY	**12** 6 cheshvan	**13** 7 chesh
17 11 cheshvan	**18** 12 cheshvan	**19** 13 cheshvan	**20** 14 chesh
24 18 cheshvan	**25** 18 cheshvan	**26** 20 cheshvan	**27** 21 chesh
31 25 cheshvan			

tishri
cheshvan

THURSDAY	FRIDAY	SATURDAY
	1 25 tishri	**2** 26 tishri
		Breshit
1 cheshvan	**8** 2 cheshvan	**9** 3 cheshvan
ROSH CHODESH		*Noach*
4 8 cheshvan	**15** 9 cheshvan	**16** 10 cheshvan
		Lech Lecha
1 15 cheshvan	**22** 16 cheshvan	**23** 17 cheshvan
		Vayera
8 22 cheshvan	**29** 23 cheshvan	**30** 24 cheshvan
		Chaye Sarah

5782

SEPTEMBER						
S	M	T	W	T	F	S
			1	2	3	4
5	6	7	8	9	10	11
12	13	14	15	16	17	18
19	20	21	22	23	24	25
26	27	28	29	30		

OCTOBER						
S	M	T	W	T	F	S
					1	2
3	4	5	6	7	8	9
10	11	12	13	14	15	16
17	18	19	20	21	22	23
24/31	25	26	27	28	29	30

NOVEMBER						
S	M	T	W	T	F	S
	1	2	3	4	5	6
7	8	9	10	11	12	13
14	15	16	17	18	19	20
21	22	23	24	25	26	27
28	29	30				

DECEMBER						
S	M	T	W	T	F	S
			1	2	3	4
5	6	7	8	9	10	11
12	13	14	15	16	17	18
19	20	21	22	23	24	25
26	27	28	29	30	31	

JANUARY						
S	M	T	W	T	F	S
						1
2	3	4	5	6	7	8
9	10	11	12	13	14	15
16	17	18	19	20	21	22
23/30	24/31	25	26	27	28	29

FEBRUARY						
S	M	T	W	T	F	S
		1	2	3	4	5
6	7	8	9	10	11	12
13	14	15	16	17	18	19
20	21	22	23	24	25	26
27	28					

MARCH						
S	M	T	W	T	F	S
		1	2	3	4	5
6	7	8	9	10	11	12
13	14	15	16	17	18	19
20	21	22	23	24	25	26
27	28	29	30	31		

APRIL						
S	M	T	W	T	F	S
					1	2
3	4	5	6	7	8	9
10	11	12	13	14	15	16
17	18	19	20	21	22	23
24	25	26	27	28	29	30

MAY						
S	M	T	W	T	F	S
1	2	3	4	5	6	7
8	9	10	11	12	13	14
15	16	17	18	19	20	21
22	23	24	25	26	27	28
29	30	31				

JUNE						
S	M	T	W	T	F	S
			1	2	3	4
5	6	7	8	9	10	11
12	13	14	15	16	17	18
19	20	21	22	23	24	25
26	27	28	29	30		

JULY						
S	M	T	W	T	F	S
					1	2
3	4	5	6	7	8	9
10	11	12	13	14	15	16
17	18	19	20	21	22	23
24/31	25	26	27	28	29	30

AUGUST						
S	M	T	W	T	F	S
	1	2	3	4	5	6
7	8	9	10	11	12	13
14	15	16	17	18	19	20
21	22	23	24	25	26	27
28	29	30	31			

5782
2021
November

SUNDAY	MONDAY	TUESDAY	WEDNESDA
	1 26 cheshvan	2 27 cheshvan	3 28 chesh
7 3 kislev	8 4 kislev	9 5 kislev	10 6 k
14 10 kislev	15 11 kislev	16 12 kislev	17 13 k
21 17 kislev	22 18 kislev	23 19 kislev	24 20 k
28 24 kislev	29 25 kislev	30 26 kislev	
🕎 EREV HANUKKAH	🕎 HANUKKAH	🕎 HANUKKAH	

THURSDAY	FRIDAY	SATURDAY
29 cheshvan SIGD	**5** 1 kislev **ROSH CHODESH**	**6** 2 kislev *Toldot*
7 kislev CANADIAN REMEMBERANCE DAY VETERANS DAY	**12** 8 kislev 	**13** 9 kislev *Vayetzei*
14 kislev 	**19** 15 kislev 	**20** 16 kislev *Vayishlach*
21 kislev THANKSGIVING	**26** 22 kislev 	**27** 23 kislev *Vayeshev*

5782

SEPTEMBER							OCTOBER						
S	M	T	W	T	F	S	S	M	T	W	T	F	S
			1	2	3	4						1	2
5	6	7	8	9	10	11	3	4	5	6	7	8	9
12	13	14	15	16	17	18	10	11	12	13	14	15	16
19	20	21	22	23	24	25	17	18	19	20	21	22	23
26	27	28	29	30			24,31	25	26	27	28	29	30

NOVEMBER							DECEMBER						
S	M	T	W	T	F	S	S	M	T	W	T	F	S
	1	2	3	4	5	6				1	2	3	4
7	8	9	10	11	12	13	5	6	7	8	9	10	11
14	15	16	17	18	19	20	12	13	14	15	16	17	18
21	22	23	24	25	26	27	19	20	21	22	23	24	25
28	29	30					26	27	28	29	30	31	

JANUARY							FEBRUARY						
S	M	T	W	T	F	S	S	M	T	W	T	F	S
						1			1	2	3	4	5
2	3	4	5	6	7	8	6	7	8	9	10	11	12
9	10	11	12	13	14	15	13	14	15	16	17	18	19
16	17	18	19	20	21	22	20	21	22	23	24	25	26
23,30	24,31	25	26	27	28	29	27	28					

MARCH							APRIL						
S	M	T	W	T	F	S	S	M	T	W	T	F	S
		1	2	3	4	5						1	2
6	7	8	9	10	11	12	3	4	5	6	7	8	9
13	14	15	16	17	18	19	10	11	12	13	14	15	16
20	21	22	23	24	25	26	17	18	19	20	21	22	23
27	28	29	30	31			24	25	26	27	28	29	30

MAY							JUNE						
S	M	T	W	T	F	S	S	M	T	W	T	F	S
1	2	3	4	5	6	7				1	2	3	4
8	9	10	11	12	13	14	5	6	7	8	9	10	11
15	16	17	18	19	20	21	12	13	14	15	16	17	18
22	23	24	25	26	27	28	19	20	21	22	23	24	25
29	30	31					26	27	28	29	30		

JULY							AUGUST						
S	M	T	W	T	F	S	S	M	T	W	T	F	S
					1	2		1	2	3	4	5	6
3	4	5	6	7	8	9	7	8	9	10	11	12	13
10	11	12	13	14	15	16	14	15	16	17	18	19	20
17	18	19	20	21	22	23	21	22	23	24	25	26	27
24,31	25	26	27	28	29	30	28	29	30	31			

December

SUNDAY	MONDAY	TUESDAY	WEDNESDA
			1 27 ki HANUK
5 1 tevet ROSH CHODESH HANUKKAH	**6** 2 tevet HANUKKAH	**7** 3 tevet	**8** 4 t
12 8 tevet	**13** 9 tevet	**14** 10 tevet FAST OF 10TH OF TEVET	**15** 11 te
19 15 tevet	**20** 16 tevet	**21** 17 tevet	**22** 18 te
26 22 tevet	**27** 23 tevet	**28** 24 tevet	**29** 25 te

kislev
tevet

THURSDAY	FRIDAY	SATURDAY
28 kislev HANUKKAH	**3** 29 kislev 🕎 HANUKKAH	**4** 30 kislev 📜 *Miketz* **ROSH CHODESH** **HANUKKAH**
5 tevet	**10** 6 tevet 🕎	**11** 7 tevet 📜 *Vayigash*
12 tevet	**17** 13 tevet 🕎	**18** 14 tevet 📜 *Vayechi*
19 tevet	**24** 20 tevet 🕎	**25** 21 tevet 📜 CHRISTMAS DAY *Shemot*
26 tevet	**31** 27 tevet 🕎	

5782

SEPTEMBER

S	M	T	W	T	F	S
			1	2	3	4
5	6	7	8	9	10	11
12	13	14	15	16	17	18
19	20	21	22	23	24	25
26	27	28	29	30		

OCTOBER

S	M	T	W	T	F	S
					1	2
3	4	5	6	7	8	9
10	11	12	13	14	15	16
17	18	19	20	21	22	23
24/31	25	26	27	28	29	30

NOVEMBER

S	M	T	W	T	F	S
	1	2	3	4	5	6
7	8	9	10	11	12	13
14	15	16	17	18	19	20
21	22	23	24	25	26	27
28	29	30				

DECEMBER

S	M	T	W	T	F	S
			1	2	3	4
5	6	7	8	9	10	11
12	13	14	15	16	17	18
19	20	21	22	23	24	25
26	27	28	29	30	31	

JANUARY

S	M	T	W	T	F	S
						1
2	3	4	5	6	7	8
9	10	11	12	13	14	15
16	17	18	19	20	21	22
23/30	24/31	25	26	27	28	29

FEBRUARY

S	M	T	W	T	F	S
		1	2	3	4	5
6	7	8	9	10	11	12
13	14	15	16	17	18	19
20	21	22	23	24	25	26
27	28					

MARCH

S	M	T	W	T	F	S
		1	2	3	4	5
6	7	8	9	10	11	12
13	14	15	16	17	18	19
20	21	22	23	24	25	26
27	28	29	30	31		

APRIL

S	M	T	W	T	F	S
					1	2
3	4	5	6	7	8	9
10	11	12	13	14	15	16
17	18	19	20	21	22	23
24	25	26	27	28	29	30

MAY

S	M	T	W	T	F	S
1	2	3	4	5	6	7
8	9	10	11	12	13	14
15	16	17	18	19	20	21
22	23	24	25	26	27	28
29	30	31				

JUNE

S	M	T	W	T	F	S
			1	2	3	4
5	6	7	8	9	10	11
12	13	14	15	16	17	18
19	20	21	22	23	24	25
26	27	28	29	30		

JULY

S	M	T	W	T	F	S
					1	2
3	4	5	6	7	8	9
10	11	12	13	14	15	16
17	18	19	20	21	22	23
24/31	25	26	27	28	29	30

AUGUST

S	M	T	W	T	F	S
	1	2	3	4	5	6
7	8	9	10	11	12	13
14	15	16	17	18	19	20
21	22	23	24	25	26	27
28	29	30	31			

5782 2022 January

tevet
shevat

SUNDAY	MONDAY	TUESDAY	WEDNESDA
2 — 29 tevet	**3** — 1 shevat **ROSH CHODESH**	**4** — 2 shevat	**5** — 3 sh
9 — 7 shevat	**10** — 8 shevat	**11** — 9 shevat	**12** — 10 sh
16 — 14 shevat	**17** — 15 shevat **TU B'SHEVAT** MARTIN LUTHER KING DAY	**18** — 16 shevat	**19** — 17 sh
23 — 21 shevat	**24** — 22 shevat	**25** — 23 shevat	**26** — 24 sh
30 — 28 shevat	**31** — 29 shevat		

THURSDAY	FRIDAY	SATURDAY
		1 28 tevet 📜 *Va'era* NEW YEAR'S DAY
4 shevat	**7** 5 shevat 🕯️	**8** 6 shevat 📜 *Bo*
3 11 shevat	**14** 12 shevat 🕯️	**15** 13 shevat 📜 *Beshalach*
0 18 shevat	**21** 19 shevat 🕯️	**22** 20 shevat 📜 *Yitro*
7 25 shevat	**28** 26 shevat 🕯️	**29** 27 shevat 📜 *Mishpatim*

5782

SEPTEMBER							OCTOBER						
S	M	T	W	T	F	S	S	M	T	W	T	F	S
			1	2	3	4						1	2
5	6	7	8	9	10	11	3	4	5	6	7	8	9
12	13	14	15	16	17	18	10	11	12	13	14	15	16
19	20	21	22	23	24	25	17	18	19	20	21	22	23
26	27	28	29	30			24₃₁	25	26	27	28	29	30

NOVEMBER							DECEMBER						
S	M	T	W	T	F	S	S	M	T	W	T	F	S
	1	2	3	4	5	6				1	2	3	4
7	8	9	10	11	12	13	5	6	7	8	9	10	11
14	15	16	17	18	19	20	12	13	14	15	16	17	18
21	22	23	24	25	26	27	19	20	21	22	23	24	25
28	29	30					26	27	28	29	30	31	

JANUARY							FEBRUARY						
S	M	T	W	T	F	S	S	M	T	W	T	F	S
						1			1	2	3	4	5
2	3	4	5	6	7	8	6	7	8	9	10	11	12
9	10	11	12	13	14	15	13	14	15	16	17	18	19
16	17	18	19	20	21	22	20	21	22	23	24	25	26
23₃₀	24₃₁	25	26	27	28	29	27	28					

MARCH							APRIL						
S	M	T	W	T	F	S	S	M	T	W	T	F	S
		1	2	3	4	5						1	2
6	7	8	9	10	11	12	3	4	5	6	7	8	9
13	14	15	16	17	18	19	10	11	12	13	14	15	16
20	21	22	23	24	25	26	17	18	19	20	21	22	23
27	28	29	30	31			24	25	26	27	28	29	30

MAY							JUNE						
S	M	T	W	T	F	S	S	M	T	W	T	F	S
1	2	3	4	5	6	7				1	2	3	4
8	9	10	11	12	13	14	5	6	7	8	9	10	11
15	16	17	18	19	20	21	12	13	14	15	16	17	18
22	23	24	25	26	27	28	19	20	21	22	23	24	25
29	30	31					26	27	28	29	30		

JULY							AUGUST						
S	M	T	W	T	F	S	S	M	T	W	T	F	S
					1	2		1	2	3	4	5	6
3	4	5	6	7	8	9	7	8	9	10	11	12	13
10	11	12	13	14	15	16	14	15	16	17	18	19	20
17	18	19	20	21	22	23	21	22	23	24	25	26	27
24₃₁	25	26	27	28	29	30	28	29	30	31			

February

SUNDAY	MONDAY	TUESDAY	WEDNESDA
		1 30 shevat **ROSH CHODESH**	**2** 1 a **ROSH CHOD**
6 5 adar I	**7** 6 adar I	**8** 7 adar I	**9** 8 a
13 12 adar I	**14** 13 adar I	**15** 14 adar I	**16** 15 a
20 19 adar I	**21** 20 adar I PRESIDENTS DAY	**22** 21 adar I	**23** 22 a
27 26 adar I	**28** 27 adar I		

shevat
adar I

THURSDAY	FRIDAY	SATURDAY
2 adar I	**4** 3 adar I	**5** 4 adar I *Terumah*
0 9 adar I	**11** 10 adar I	**12** 11 adar I *Tetzaveh*
7 16 adar I	**18** 17 adar I	**19** 18 adar I *Ki Tisa*
4 23 adar I	**25** 24 adar I	**26** 25 adar I *Vayakhel* **SHABBAT SHEKALIM**

5782 2022 March adar I / adar II

SUNDAY	MONDAY	TUESDAY	WEDNESDA
		1 _28 adar I_	2 _29 ad_
6 _3 adar II_	7 _4 adar II_	8 _5 adar II_	9 _6 ad_
13 _10 adar II_	14 _11 adar II_	15 _12 adar II_	16 _13 ad_ **FAST OF EST MEGILLAH READ**
20 _17 adar II_	21 _18 adar II_	22 _19 adar II_	23 _20 ad_
27 _24 adar II_	28 _25 adar II_	29 _26 adar II_	30 _27 ad_

THURSDAY	FRIDAY	SATURDAY
30 adar I	**4** 1 adar II	**5** 2 adar II
ROSH CHODESH	**ROSH CHODESH**	*Pekude*
0 7 adar II	**11** 8 adar II	**12** 9 adar II
		Vayikra **SHABBAT ZACHOR**
7 14 adar II	**18** 15 adar II	**19** 16 adar II
PURIM	**SHUSHAN PURIM**	*Tzav*
4 21 adar II	**25** 22 adar II	**26** 23 adar II
		Shemini **SHABBAT PARAH**
1 28 adar II		

5782

SEPTEMBER

S	M	T	W	T	F	S
			1	2	3	4
5	6	7	8	9	10	11
12	13	14	15	16	17	18
19	20	21	22	23	24	25
26	27	28	29	30		

OCTOBER

S	M	T	W	T	F	S
					1	2
3	4	5	6	7	8	9
10	11	12	13	14	15	16
17	18	19	20	21	22	23
24 31	25	26	27	28	29	30

NOVEMBER

S	M	T	W	T	F	S
	1	2	3	4	5	6
7	8	9	10	11	12	13
14	15	16	17	18	19	20
21	22	23	24	25	26	27
28	29	30				

DECEMBER

S	M	T	W	T	F	S
			1	2	3	4
5	6	7	8	9	10	11
12	13	14	15	16	17	18
19	20	21	22	23	24	25
26	27	28	29	30	31	

JANUARY

S	M	T	W	T	F	S
						1
2	3	4	5	6	7	8
9	10	11	12	13	14	15
16	17	18	19	20	21	22
23 30	24 31	25	26	27	28	29

FEBRUARY

S	M	T	W	T	F	S
		1	2	3	4	5
6	7	8	9	10	11	12
13	14	15	16	17	18	19
20	21	22	23	24	25	26
27	28					

MARCH

S	M	T	W	T	F	S
		1	2	3	4	5
6	7	8	9	10	11	12
13	14	15	16	17	18	19
20	21	22	23	24	25	26
27	28	29	30	31		

APRIL

S	M	T	W	T	F	S
					1	2
3	4	5	6	7	8	9
10	11	12	13	14	15	16
17	18	19	20	21	22	23
24	25	26	27	28	29	30

MAY

S	M	T	W	T	F	S
1	2	3	4	5	6	7
8	9	10	11	12	13	14
15	16	17	18	19	20	21
22	23	24	25	26	27	28
29	30	31				

JUNE

S	M	T	W	T	F	S
			1	2	3	4
5	6	7	8	9	10	11
12	13	14	15	16	17	18
19	20	21	22	23	24	25
26	27	28	29	30		

JULY

S	M	T	W	T	F	S
					1	2
3	4	5	6	7	8	9
10	11	12	13	14	15	16
17	18	19	20	21	22	23
24 31	25	26	27	28	29	30

AUGUST

S	M	T	W	T	F	S
	1	2	3	4	5	6
7	8	9	10	11	12	13
14	15	16	17	18	19	20
21	22	23	24	25	26	27
28	29	30	31			

SUNDAY	MONDAY	TUESDAY	WEDNESDA
3 2 nisan	**4** 3 nisan	**5** 4 nisan	**6** 5 n
10 9 nisan	**11** 10 nisan	**12** 11 nisan	**13** 12 n
17 16 nisan EASTER **PASSOVER**	**18** 17 nisan **INTERMEDIATE DAY** **PASSOVER**	**19** 18 nisan **INTERMEDIATE DAY** **PASSOVER**	**20** 19 n **INTERMEDIATE** **PASSO**
24 23 nisan	**25** 24 nisan	**26** 25 nisan	**27** 26 n

THURSDAY	FRIDAY	SATURDAY
	1 29 adar II	**2** 1 nisan
		ROSH CHODESH *Tazria* **SHABBAT HACHODESH**
6 nisan	**8** 7 nisan	**9** 8 nisan
		Metzora **SHABBAT HAGADOL**
4 13 nisan	**15** 14 nisan	**16** 15 nisan
ARCH FOR CHAMETZ	**FIRST SEDER**	**PASSOVER**
1 20 nisan	**22** 21 nisan	**23** 22 nisan
INTERMEDIATE DAY PASSOVER	**PASSOVER**	**PASSOVER** **YIZKOR**
8 27 nisan	**29** 28 nisan	**30** 29 nisan
YOM HASHOAH		*Achrrei Mot*

5782

SEPTEMBER

S	M	T	W	T	F	S
			1	2	3	4
5	6	7	8	9	10	11
12	13	14	15	16	17	18
19	20	21	22	23	24	25
26	27	28	29	30		

OCTOBER

S	M	T	W	T	F	S
					1	2
3	4	5	6	7	8	9
10	11	12	13	14	15	16
17	18	19	20	21	22	23
24/31	25	26	27	28	29	30

NOVEMBER

S	M	T	W	T	F	S
	1	2	3	4	5	6
7	8	9	10	11	12	13
14	15	16	17	18	19	20
21	22	23	24	25	26	27
28	29	30				

DECEMBER

S	M	T	W	T	F	S
			1	2	3	4
5	6	7	8	9	10	11
12	13	14	15	16	17	18
19	20	21	22	23	24	25
26	27	28	29	30	31	

JANUARY

S	M	T	W	T	F	S
						1
2	3	4	5	6	7	8
9	10	11	12	13	14	15
16	17	18	19	20	21	22
23/30	24/31	25	26	27	28	29

FEBRUARY

S	M	T	W	T	F	S
		1	2	3	4	5
6	7	8	9	10	11	12
13	14	15	16	17	18	19
20	21	22	23	24	25	26
27	28					

MARCH

S	M	T	W	T	F	S
		1	2	3	4	5
6	7	8	9	10	11	12
13	14	15	16	17	18	19
20	21	22	23	24	25	26
27	28	29	30	31		

APRIL

S	M	T	W	T	F	S
					1	2
3	4	5	6	7	8	9
10	11	12	13	14	15	16
17	18	19	20	21	22	23
24	25	26	27	28	29	30

MAY

S	M	T	W	T	F	S
1	2	3	4	5	6	7
8	9	10	11	12	13	14
15	16	17	18	19	20	21
22	23	24	25	26	27	28
29	30	31				

JUNE

S	M	T	W	T	F	S
			1	2	3	4
5	6	7	8	9	10	11
12	13	14	15	16	17	18
19	20	21	22	23	24	25
26	27	28	29	30		

JULY

S	M	T	W	T	F	S
					1	2
3	4	5	6	7	8	9
10	11	12	13	14	15	16
17	18	19	20	21	22	23
24/31	25	26	27	28	29	30

AUGUST

S	M	T	W	T	F	S
	1	2	3	4	5	6
7	8	9	10	11	12	13
14	15	16	17	18	19	20
21	22	23	24	25	26	27
28	29	30	31			

May

5782
2022

nisan
iyar
sivan

SUNDAY	MONDAY	TUESDAY	WEDNESDA
1 30 nisan **ROSH CHODESH**	**2** 1 iyar **ROSH CHODESH**	**3** 2 iyar	**4** 3 **YOM HAZIKAF**
8 7 iyar MOTHER'S DAY	**9** 8 iyar	**10** 9 iyar	**11** 10
15 14 iyar	**16** 15 iyar	**17** 16 iyar	**18** 17
22 21 iyar	**23** 22 iyar VICTORIA DAY CANADA	**24** 23 iyar	**25** 24
29 28 iyar **YOM YERUSHALYIM**	**30** 29 iyar MEMORIAL DAY	**31** 1 sivan **ROSH CHODESH**	

THURSDAY	FRIDAY	SATURDAY
4 iyar	**6** 5 iyar	**7** 6 iyar
YOM HA'ATZMAUT		*Kedoshim*
11 iyar	**13** 12 iyar	**14** 13 iyar
		Emor
18 iyar	**20** 19 iyar	**21** 20 iyar
LAG BA'OMER		*Behar*
25 iyar	**27** 26 iyar	**28** 27 iyar
		Bechukotai

5782

SEPTEMBER								OCTOBER						
S	M	T	W	T	F	S		S	M	T	W	T	F	S
			1	2	3	4							1	2
5	6	7	8	9	10	11		3	4	5	6	7	8	9
12	13	14	15	16	17	18		10	11	12	13	14	15	16
19	20	21	22	23	24	25		17	18	19	20	21	22	23
26	27	28	29	30				24/31	25	26	27	28	29	30

NOVEMBER								DECEMBER						
S	M	T	W	T	F	S		S	M	T	W	T	F	S
	1	2	3	4	5	6					1	2	3	4
7	8	9	10	11	12	13		5	6	7	8	9	10	11
14	15	16	17	18	19	20		12	13	14	15	16	17	18
21	22	23	24	25	26	27		19	20	21	22	23	24	25
28	29	30						26	27	28	29	30	31	

JANUARY								FEBRUARY						
S	M	T	W	T	F	S		S	M	T	W	T	F	S
						1				1	2	3	4	5
2	3	4	5	6	7	8		6	7	8	9	10	11	12
9	10	11	12	13	14	15		13	14	15	16	17	18	19
16	17	18	19	20	21	22		20	21	22	23	24	25	26
23/30	24/31	25	26	27	28	29		27	28					

MARCH								APRIL						
S	M	T	W	T	F	S		S	M	T	W	T	F	S
		1	2	3	4	5							1	2
6	7	8	9	10	11	12		3	4	5	6	7	8	9
13	14	15	16	17	18	19		10	11	12	13	14	15	16
20	21	22	23	24	25	26		17	18	19	20	21	22	23
27	28	29	30	31				24	25	26	27	28	29	30

MAY								JUNE						
S	M	T	W	T	F	S		S	M	T	W	T	F	S
1	2	3	4	5	6	7					1	2	3	4
8	9	10	11	12	13	14		5	6	7	8	9	10	11
15	16	17	18	19	20	21		12	13	14	15	16	17	18
22	23	24	25	26	27	28		19	20	21	22	23	24	25
29	30	31						26	27	28	29	30		

JULY								AUGUST						
S	M	T	W	T	F	S		S	M	T	W	T	F	S
					1	2			1	2	3	4	5	6
3	4	5	6	7	8	9		7	8	9	10	11	12	13
10	11	12	13	14	15	16		14	15	16	17	18	19	20
17	18	19	20	21	22	23		21	22	23	24	25	26	27
24/31	25	26	27	28	29	30		28	29	30	31			

5782
2022

June

sivan
tamuz

SUNDAY	MONDAY	TUESDAY	WEDNESDA
			1 / 2 s
5 / 6 sivan / SHAVUOT	**6** / 7 sivan / SHAVUOT	**7** / 8 sivan	**8** / 9 s
12 / 13 sivan	**13** / 14 sivan	**14** / 15 sivan / FLAG DAY	**15** / 16 s
19 / 20 sivan / FATHER'S DAY	**20** / 21 sivan	**21** / 22 sivan / SUMMER BEGINS	**22** / 23 s
26 / 27 sivan	**27** / 28 sivan	**28** / 29 sivan	**29** / 30 s / ROSH CHOD

NOTES:

THURSDAY	FRIDAY	SATURDAY
3 sivan	**3** 4 sivan	**4** 5 sivan *Bamidbar* **EREV SHAVUOT**
10 sivan	**10** 11 sivan	**11** 12 sivan *Nasso*
17 sivan	**17** 18 sivan	**18** 19 sivan *Beha'alotecha*
24 sivan	**24** 25 sivan	**25** 26 sivan *Sh'lach*
1 tamuz **ROSH CHODESH**		

5782

SEPTEMBER							OCTOBER						
S	M	T	W	T	F	S	S	M	T	W	T	F	S
				1	2	3	4						1	2
5	6	7	8	9	10	11	3	4	5	6	7	8	9
12	13	14	15	16	17	18	10	11	12	13	14	15	16
19	20	21	22	23	24	25	17	18	19	20	21	22	23
26	27	28	29	30			²⁴₃₁	25	26	27	28	29	30

NOVEMBER							DECEMBER						
S	M	T	W	T	F	S	S	M	T	W	T	F	S
	1	2	3	4	5	6				1	2	3	4
7	8	9	10	11	12	13	5	6	7	8	9	10	11
14	15	16	17	18	19	20	12	13	14	15	16	17	18
21	22	23	24	25	26	27	19	20	21	22	23	24	25
28	29	30					26	27	28	29	30	31

JANUARY							FEBRUARY						
S	M	T	W	T	F	S	S	M	T	W	T	F	S
						1			1	2	3	4	5
2	3	4	5	6	7	8	6	7	8	9	10	11	12
9	10	11	12	13	14	15	13	14	15	16	17	18	19
16	17	18	19	20	21	22	20	21	22	23	24	25	26
²³₃₀	²⁴₃₁	25	26	27	28	29	27	28

MARCH							APRIL						
S	M	T	W	T	F	S	S	M	T	W	T	F	S
		1	2	3	4	5						1	2
6	7	8	9	10	11	12	3	4	5	6	7	8	9
13	14	15	16	17	18	19	10	11	12	13	14	15	16
20	21	22	23	24	25	26	17	18	19	20	21	22	23
27	28	29	30	31			24	25	26	27	28	29	30

MAY							JUNE						
S	M	T	W	T	F	S	S	M	T	W	T	F	S
1	2	3	4	5	6	7				1	2	3	4
8	9	10	11	12	13	14	5	6	7	8	9	10	11
15	16	17	18	19	20	21	12	13	14	15	16	17	18
22	23	24	25	26	27	28	19	20	21	22	23	24	25
29	30	31					26	27	28	29	30

JULY							AUGUST						
S	M	T	W	T	F	S	S	M	T	W	T	F	S
					1	2		1	2	3	4	5	6
3	4	5	6	7	8	9	7	8	9	10	11	12	13
10	11	12	13	14	15	16	14	15	16	17	18	19	20
17	18	19	20	21	22	23	21	22	23	24	25	26	27
²⁴₃₁	25	26	27	28	29	30	28	29	30	31

5782 2022	July	tamuz av	

SUNDAY	MONDAY	TUESDAY	WEDNESDAY
3　　4 tamuz	4　　5 tamuz　　INDEPENDENCE DAY	5　　6 tamuz	6　　7 ta
10　　11 tamuz	11　　12 tamuz	12　　13 tamuz	13　　14 ta
17　　18 tamuz	18　　19 tamuz	19　　20 tamuz	20　　21 ta
24　　25 tamuz	25　　26 tamuz	26　　27 tamuz	27　　28 ta
31　　3 av			

THURSDAY	**FRIDAY**	**SATURDAY**
	1 2 tamuz	**2** 3 tamuz *Korach*
8 tamuz	**8** 9 tamuz	**9** 10 tamuz *Chukat*
15 tamuz	**15** 16 tamuz	**16** 17 tamuz *Balak*
22 tamuz	**22** 23 tamuz	**23** 24 tamuz *Pinchas*
29 tamuz	**29** 1 av	**30** 2 av
	ROSH CHODESH	*Matot-Masei*

5782

SEPTEMBER						
S	M	T	W	T	F	S
				1	2	3	4
5	6	7	8	9	10	11
12	13	14	15	16	17	18
19	20	21	22	23	24	25
26	27	28	29	30		

OCTOBER						
S	M	T	W	T	F	S
					1	2
3	4	5	6	7	8	9
10	11	12	13	14	15	16
17	18	19	20	21	22	23
24/31	25	26	27	28	29	30

NOVEMBER						
S	M	T	W	T	F	S
	1	2	3	4	5	6
7	8	9	10	11	12	13
14	15	16	17	18	19	20
21	22	23	24	25	26	27
28	29	30				

DECEMBER						
S	M	T	W	T	F	S
			1	2	3	4
5	6	7	8	9	10	11
12	13	14	15	16	17	18
19	20	21	22	23	24	25
26	27	28	29	30	31	

JANUARY						
S	M	T	W	T	F	S
						1
2	3	4	5	6	7	8
9	10	11	12	13	14	15
16	17	18	19	20	21	22
23/30	24/31	25	26	27	28	29

FEBRUARY						
S	M	T	W	T	F	S
		1	2	3	4	5
6	7	8	9	10	11	12
13	14	15	16	17	18	19
20	21	22	23	24	25	26
27	28					

MARCH						
S	M	T	W	T	F	S
		1	2	3	4	5
6	7	8	9	10	11	12
13	14	15	16	17	18	19
20	21	22	23	24	25	26
27	28	29	30	31		

APRIL						
S	M	T	W	T	F	S
					1	2
3	4	5	6	7	8	9
10	11	12	13	14	15	16
17	18	19	20	21	22	23
24	25	26	27	28	29	30

MAY						
S	M	T	W	T	F	S
1	2	3	4	5	6	7
8	9	10	11	12	13	14
15	16	17	18	19	20	21
22	23	24	25	26	27	28
29	30	31				

JUNE						
S	M	T	W	T	F	S
			1	2	3	4
5	6	7	8	9	10	11
12	13	14	15	16	17	18
19	20	21	22	23	24	25
26	27	28	29	30		

JULY						
S	M	T	W	T	F	S
					1	2
3	4	5	6	7	8	9
10	11	12	13	14	15	16
17	18	19	20	21	22	23
24/31	25	26	27	28	29	30

AUGUST						
S	M	T	W	T	F	S
	1	2	3	4	5	6
7	8	9	10	11	12	13
14	15	16	17	18	19	20
21	22	23	24	25	26	27
28	29	30	31			

August

SUNDAY	MONDAY	TUESDAY	WEDNESDA
	1 4 av	2 5 av	3
7 10 av **TISHA B'AV**	8 11 av	9 12 av	10
14 17 av	15 18 av	16 19 av	17
21 24 av	22 25 av	23 26 av	24
28 1 elul **ROSH CHODESH**	29 2 elul	30 3 elul	31

HURSDAY	FRIDAY	SATURDAY
7 av	**5** 8 av 🕯	**6** 9 av 📜 *Devarim* **SHABBAT CHAZON** **EREV TISHA B'AV**
14 av	**12** 15 av 🕯	**13** 16 av 📜 *Ve'etchanan* **SHABBAT NACHAMU** **TU B'AV**
21 av	**19** 22 av 🕯	**20** 23 av 📜 *Eikev*
28 av	**26** 29 av 🕯	**27** 30 av 📜 *Re'eh* **ROSH CHODESH**

5782

SEPTEMBER							OCTOBER						
S	M	T	W	T	F	S	S	M	T	W	T	F	S
			1	2	3	4						1	2
5	6	7	8	9	10	11	3	4	5	6	7	8	9
12	13	14	15	16	17	18	10	11	12	13	14	15	16
19	20	21	22	23	24	25	17	18	19	20	21	22	23
26	27	28	29	30			24₃₁	25	26	27	28	29	30

NOVEMBER							DECEMBER						
S	M	T	W	T	F	S	S	M	T	W	T	F	S
	1	2	3	4	5	6				1	2	3	4
7	8	9	10	11	12	13	5	6	7	8	9	10	11
14	15	16	17	18	19	20	12	13	14	15	16	17	18
21	22	23	24	25	26	27	19	20	21	22	23	24	25
28	29	30					26	27	28	29	30	31	

JANUARY							FEBRUARY						
S	M	T	W	T	F	S	S	M	T	W	T	F	S
						1			1	2	3	4	5
2	3	4	5	6	7	8	6	7	8	9	10	11	12
9	10	11	12	13	14	15	13	14	15	16	17	18	19
16	17	18	19	20	21	22	20	21	22	23	24	25	26
23₃₀	24₃₁	25	26	27	28	29	27	28					

MARCH							APRIL						
S	M	T	W	T	F	S	S	M	T	W	T	F	S
		1	2	3	4	5						1	2
6	7	8	9	10	11	12	3	4	5	6	7	8	9
13	14	15	16	17	18	19	10	11	12	13	14	15	16
20	21	22	23	24	25	26	17	18	19	20	21	22	23
27	28	29	30	31			24	25	26	27	28	29	30

MAY							JUNE						
S	M	T	W	T	F	S	S	M	T	W	T	F	S
1	2	3	4	5	6	7				1	2	3	4
8	9	10	11	12	13	14	5	6	7	8	9	10	11
15	16	17	18	19	20	21	12	13	14	15	16	17	18
22	23	24	25	26	27	28	19	20	21	22	23	24	25
29	30	31					26	27	28	29	30		

JULY							AUGUST						
S	M	T	W	T	F	S	S	M	T	W	T	F	S
					1	2		1	2	3	4	5	6
3	4	5	6	7	8	9	7	8	9	10	11	12	13
10	11	12	13	14	15	16	14	15	16	17	18	19	20
17	18	19	20	21	22	23	21	22	23	24	25	26	27
24₃₁	25	26	27	28	29	30	28	29	30	31			

5782–83 2022 September

SUNDAY	MONDAY	TUESDAY	WEDNESDA
4 8 elul	**5** 9 elul LABOR DAY	**6** 10 elul	**7** 1
11 15 elul	**12** 16 elul	**13** 17 elul	**14** 1
18 22 elul	**19** 23 elul	**20** 24 elul	**21** 2
25 29 elul 🕯 EREV ROSH HASHANAH	**26** 1 tishri 🕯 ROSH HASHANAH	**27** 2 tishri ROSH HASHANAH	**28** 3 FAST OF GEDA

NOTES:

THURSDAY	FRIDAY	SATURDAY
5 elul	**2** 6 elul	**3** 7 elul
		Shoftim
12 elul	**9** 13 elul	**10** 14 elul
		Ki Teitzei
19 elul	**16** 20 elul	**17** 21 elul
		Ki Tavo **SELICHOT**
26 elul	**23** 27 elul	**24** 28 elul
FALL BEGINS		*Nitzavim*
4 tishri	**30** 5 tishri	

5782

SEPTEMBER
S	M	T	W	T	F	S
			1	2	3	4
5	6	7	8	9	10	11
12	13	14	15	16	17	18
19	20	21	22	23	24	25
26	27	28	29	30		

OCTOBER
S	M	T	W	T	F	S
					1	2
3	4	5	6	7	8	9
10	11	12	13	14	15	16
17	18	19	20	21	22	23
24/31	25	26	27	28	29	30

NOVEMBER
S	M	T	W	T	F	S
	1	2	3	4	5	6
7	8	9	10	11	12	13
14	15	16	17	18	19	20
21	22	23	24	25	26	27
28	29	30				

DECEMBER
S	M	T	W	T	F	S
			1	2	3	4
5	6	7	8	9	10	11
12	13	14	15	16	17	18
19	20	21	22	23	24	25
26	27	28	29	30	31	

JANUARY
S	M	T	W	T	F	S
						1
2	3	4	5	6	7	8
9	10	11	12	13	14	15
16	17	18	19	20	21	22
23/30	24/31	25	26	27	28	29

FEBRUARY
S	M	T	W	T	F	S
		1	2	3	4	5
6	7	8	9	10	11	12
13	14	15	16	17	18	19
20	21	22	23	24	25	26
27	28					

MARCH
S	M	T	W	T	F	S
		1	2	3	4	5
6	7	8	9	10	11	12
13	14	15	16	17	18	19
20	21	22	23	24	25	26
27	28	29	30	31		

APRIL
S	M	T	W	T	F	S
					1	2
3	4	5	6	7	8	9
10	11	12	13	14	15	16
17	18	19	20	21	22	23
24	25	26	27	28	29	30

MAY
S	M	T	W	T	F	S
1	2	3	4	5	6	7
8	9	10	11	12	13	14
15	16	17	18	19	20	21
22	23	24	25	26	27	28
29	30	31				

JUNE
S	M	T	W	T	F	S
			1	2	3	4
5	6	7	8	9	10	11
12	13	14	15	16	17	18
19	20	21	22	23	24	25
26	27	28	29	30		

JULY
S	M	T	W	T	F	S
					1	2
3	4	5	6	7	8	9
10	11	12	13	14	15	16
17	18	19	20	21	22	23
24/31	25	26	27	28	29	30

AUGUST
S	M	T	W	T	F	S
	1	2	3	4	5	6
7	8	9	10	11	12	13
14	15	16	17	18	19	20
21	22	23	24	25	26	27
28	29	30	31			

October

October

tishri
cheshvan

SUNDAY	MONDAY	TUESDAY	WEDNESDAY	THURSDAY	FRIDAY	SATURDAY
						1 6 tishri *Vayeilech* **SHABBAT SHUVAH**
2 7 tishri	**3** 8 tishri	**4** 9 tishri **KOL NIDRE**	**5** 10 tishri **YOM KIPPUR**	**6** 11 tishri	**7** 12 tishri	**8** 13 tishri *Ha'azinu*
9 14 tishri	**10** 15 tishri CANADIAN THANKSGIVING COLUMBUS DAY **SUKKOT** **EREV SUKKOT**	**11** 16 tishri	**12** 17 tishri **SUKKOT**	**13** 18 tishri **INTERMEDIATE DAY**	**14** 19 tishri **INTERMEDIATE DAY**	**15** 20 tishri **INTERMEDIATE DAY**
16 21 tishri **HOSHANAH RABBAH**	**17** 22 tishri **SHEMINI ATZERET** **YIZKOR**	**18** 23 tishri **SIMCHAT TORAH**	**19** 24 tishri	**20** 25 tishri	**21** 26 tishri	**22** 27 tishri *Breshit*
23 28 tishri	**24** 28 tishri	**25** 30 tishri **ROSH CHODESH**	**26** 1 cheshvan **ROSH CHODESH**	**27** 2 cheshvan	**28** 3 cheshvan	**29** 4 cheshvan *Noach*
30 5 cheshvan	**31** 6 cheshvan					

November

November

cheshvan
kislev

SUNDAY	MONDAY	TUESDAY	WEDNESDAY	THURSDAY	FRIDAY	SATURDAY
		1 7 cheshvan	**2** 8 cheshvan	**3** 9 cheshvan	**4** 10 cheshvan	**5** 11 cheshvan *Lech-Lecha*
6 12 cheshvan	**7** 13 cheshvan	**8** 14 cheshvan	**9** 15 cheshvan	**10** 16 cheshvan	**11** 17 cheshvan CANADIAN REMEMBERANCE DAY VETERANS DAY	**12** 18 cheshvan *Vayera*
13 19 cheshvan	**14** 20 cheshvan	**15** 21 cheshvan	**16** 22 cheshvan	**17** 23 cheshvan	**18** 24 cheshvan	**19** 25 cheshvan *Chaye Sarah*
20 26 cheshvan	**21** 27 cheshvan	**22** 28 cheshvan	**23** 29 cheshvan **SIGD**	**24** 30 cheshvan THANKSGIVING **ROSH CHODESH**	**25** 1 kislev **ROSH CHODESH**	**26** 2 kislev *Toldot*
27 3 kislev	**28** 4 kislev	**29** 5 kislev	**30** 6 kislev			

5783 2022	December				kislev tevet		
SUNDAY	**MONDAY**	**TUESDAY**	**WEDNESDAY**	**THURSDAY**	**FRIDAY**	**SATURDAY**	

SUNDAY	MONDAY	TUESDAY	WEDNESDAY	THURSDAY	FRIDAY	SATURDAY
				1 7 kislev	**2** 8 kislev	**3** 9 kislev *Vayetzei*
4 1 kislev	**5** 2 kislev	**6** 3 kislev	**7** 4 kislev	**8** 5 kislev	**9** 6 kislev	**10** 7 kislev *Vayishlach*
11 8 kislev	**12** 9 kislev	**13** 10 kislev	**14** 11 kislev	**15** 12 kislev	**16** 13 kislev	**17** 14 kislev *Vayeshev*
18 15 kislev EREV HANUKKAH	**19** 16 kislev HANUKKAH	**20** 17 kislev HANUKKAH	**21** 18 kislev HANUKKAH	**22** 19 kislev HANUKKAH	**23** 20 kislev HANUKKAH	**24** 21 kislev *Miketz* ROSH CHODESH HANUKKAH
25 1 tevet CHRISTMAS DAY ROSH CHODESH HANUKKAH	**26** 2 tevet HANUKKAH	**27** 3 tevet	**28** 4 tevet	**29** 5 tevet	**30** 6 tevet	**31** 7 tevet *Vayigash*

CANDLELIGHTING CHART

		ATLANTA	BALTIMORE	BOSTON	CHICAGO	CLEVELAND	DALLAS	DENVER	LOS ANGELES	MIAMI	MINNEAPOLIS	NEW YORK	PHILADELPHIA	PHOENIX	ST. LOUIS	WASHINGTON	MONTREAL	TORONTO
September	3	7:41	7:14	6:55	7:01	7:37	7:30	7:08	6:56	7:19	7:27	7:05	7:09	6:31	7:08	7:16	7:09	7:30
	10	7:31	7:03	6:43	6:49	7:25	7:21	6:57	6:47	7:11	7:13	6:54	6:58	6:22	6:57	7:05	6:55	7:17
	17	7:22	6:52	6:31	6:37	7:13	7:11	6:45	6:37	7:03	7:00	6:42	6:46	6:12	6:46	6:54	6:42	7:04
	24	7:12	6:41	6:18	6:24	7:01	7:02	6:34	6:27	6:56	6:47	6:30	6:35	6:02	6:35	6:42	6:28	6:52
October	1	7:02	6:29	6:06	6:12	6:49	6:52	6:22	6:17	6:48	6:34	6:18	6:23	5:53	6:24	6:31	6:15	6:39
	8	6:53	6:18	5:54	6:01	6:37	6:43	6:11	6:08	6:41	6:21	6:07	6:12	5:44	6:13	6:20	6:02	6:26
	15	6:44	6:08	5:43	5:49	6:26	6:35	6:01	5:59	6:34	6:08	5:56	6:02	5:35	6:03	6:10	5:49	6:14
	22	6:36	5:58	5:32	5:39	6:16	6:27	5:51	5:51	6:28	5:57	5:46	5:52	5:27	5:53	6:00	5:37	6:03
	29	6:29	5:49	5:22	5:29	6:06	6:20	5:42	5:44	6:22	5:46	5:37	5:43	5:20	5:45	5:52	5:26	5:53
November	5	6:22	5:42	5:13	5:21	5:58	6:14	5:34	5:37	6:18	5:36	5:28	5:35	5:14	5:37	5:44	5:16	5:44
	12	5:17	4:35	4:06	4:13	5:40	5:09	4:27	4:32	5:14	4:28	4:21	4:28	5:08	4:31	4:38	4:08	4:36
	19	5:13	4:30	4:00	4:08	4:45	5:05	4:22	4:28	5:12	4:21	4:16	4:23	5:05	4:26	4:33	4:01	4:30
	26	5:11	4:27	3:56	4:04	4:41	5:03	4:19	4:26	5:11	4:16	4:12	4:19	5:02	4:23	4:29	3:56	4:25
December	3	5:10	4:25	3:53	4:01	4:39	5:02	4:17	4:25	5:11	4:14	4:10	4:17	5:02	4:21	4:28	3:53	4:23
	10	5:11	4:25	3:53	4:01	4:38	5:03	4:17	4:26	5:12	4:13	4:10	4:17	5:02	4:21	4:28	3:52	4:22
	17	5:13	4:27	3:55	4:03	4:40	5:05	4:19	4:28	5:15	4:14	4:12	4:19	5:05	4:23	4:30	3:54	4:24
	24	5:17	4:30	3:58	4:06	4:44	5:09	4:22	4:31	5:18	4:18	4:15	4:22	5:08	4:27	4:33	3:57	4:27
	31	5:21	4:35	4:04	4:12	4:49	5:13	4:28	4:36	5:23	4:24	4:21	4:28	5:13	4:32	4:38	4:03	4:33
January	7	5:27	4:42	4:10	4:18	4:55	5:19	4:34	4:42	5:28	4:31	4:27	4:34	5:18	4:38	4:44	4:10	4:39
	14	5:33	4:49	4:18	4:26	5:03	5:25	4:41	4:48	5:33	4:39	4:34	4:41	5:25	4:45	4:51	4:18	4:47
	21	5:40	4:56	4:26	4:34	5:11	5:32	4:49	4:55	5:38	4:48	4:42	4:49	5:31	4:52	4:59	4:28	4:56
	28	5:47	5:05	4:35	4:43	5:20	5:38	4:57	5:02	5:44	4:58	4:51	4:57	5:38	5:00	5:07	4:38	5:06
February	4	5:53	5:13	4:44	4:52	5:29	5:45	5:06	5:09	5:49	5:08	5:00	5:06	5:45	5:08	5:15	4:48	5:15
	11	6:00	5:21	4:54	5:01	5:38	5:51	5:14	5:15	5:53	5:18	5:08	5:14	5:51	5:16	5:23	4:58	5:25
	18	6:07	5:29	5:03	5:10	5:46	5:57	5:22	5:22	5:58	5:28	5:17	5:22	5:58	5:24	5:31	5:08	5:34
	25	6:13	5:37	5:11	5:18	5:55	6:03	5:30	5:28	6:02	5:37	5:25	5:30	6:04	5:32	5:39	5:18	5:43
March	4	6:19	5:44	5:20	5:27	6:03	6:09	5:38	5:34	6:06	5:47	5:33	5:38	6:10	5:39	5:46	5:28	5:52
	11	6:24	5:51	5:28	5:35	6:11	6:14	5:45	5:40	6:10	5:56	5:40	5:45	6:15	5:46	5:53	5:37	6:01
	18	7:30	6:58	6:36	6:43	7:19	7:19	6:52	6:45	7:13	7:05	6:48	6:53	6:20	6:53	7:00	6:46	7:10
	25	7:35	7:05	6:44	6:50	7:26	7:24	6:59	6:51	7:16	7:14	6:55	7:00	6:26	7:00	7:07	6:56	7:18
April	1	7:40	7:12	6:52	6:58	7:34	7:29	7:06	6:56	7:19	7:23	7:03	7:07	6:31	7:06	7:14	7:05	7:27
	8	7:45	7:19	7:00	7:06	7:42	7:34	7:13	7:01	7:22	7:32	7:10	7:14	6:36	7:13	7:20	7:14	7:35
	15	7:51	7:26	7:08	7:14	7:49	7:39	7:20	7:07	7:26	7:41	7:17	7:21	6:41	7:20	7:27	7:23	7:43
	22	7:56	7:33	7:16	7:21	7:57	7:44	7:27	7:12	7:29	7:50	7:25	7:28	6:46	7:26	7:34	7:32	7:52
	29	8:01	7:40	7:24	7:29	8:04	7:49	7:34	7:17	7:33	7:58	7:32	7:35	6:52	7:33	7:41	7:41	8:00
May	6	8:07	7:47	7:31	7:37	8:12	7:55	7:41	7:23	7:36	8:07	7:39	7:42	6:57	7:40	7:47	7:49	8:08
	13	8:12	7:53	7:39	7:44	8:19	8:00	7:48	7:28	7:40	8:15	7:46	7:49	7:02	7:46	7:54	7:58	8:16
	20	8:17	7:59	7:46	7:51	8:26	8:05	7:54	7:33	7:44	8:23	7:53	7:55	7:07	7:52	8:00	8:06	8:23
	27	8:22	8:05	7:52	7:57	8:32	8:09	8:00	7:38	7:47	8:30	7:59	8:01	7:12	7:58	8:06	8:13	8:30
June	3	8:26	8:10	7:58	8:03	8:38	8:13	8:05	7:42	7:51	8:36	8:04	8:06	7:16	8:03	8:11	8:19	8:36
	10	8:29	8:14	8:02	8:07	8:42	8:17	8:09	7:46	7:54	8:41	8:08	8:11	7:19	8:07	8:15	8:24	8:40
	17	8:32	8:17	8:05	8:10	8:45	8:19	8:12	7:48	7:56	8:44	8:11	8:13	7:22	8:09	8:18	8:27	8:44
	24	8:33	8:18	8:07	8:11	8:46	8:21	8:13	7:50	7:57	8:45	8:13	8:15	7:23	8:11	8:19	8:29	8:45
July	1	8:34	8:18	8:06	8:11	8:46	8:21	8:13	7:50	7:58	8:45	8:12	8:15	7:24	8:11	8:19	8:28	8:45
	8	8:33	8:17	8:04	8:09	8:44	8:20	8:11	7:49	7:57	8:42	8:11	8:13	7:22	8:09	8:17	8:26	8:42
	15	8:30	8:13	8:01	8:05	8:40	8:17	8:08	7:46	7:56	8:38	8:07	8:10	7:20	8:06	8:14	8:21	8:38
	22	8:26	8:09	7:55	8:00	8:35	8:14	8:03	7:42	7:53	8:32	8:02	8:05	7:16	8:01	8:09	8:15	8:32
	29	8:21	8:03	7:48	7:53	8:28	8:09	7:57	7:37	7:50	8:24	7:56	7:58	7:11	7:55	8:03	8:07	8:25
August	5	8:15	7:55	7:40	7:45	8:20	8:03	7:49	7:31	7:45	8:15	7:48	7:51	7:05	7:48	7:56	7:58	8:17
	12	8:08	7:47	7:31	7:36	8:11	7:56	7:41	7:24	7:40	8:05	7:39	7:42	6:58	7:40	7:48	7:47	8:07
	19	8:00	7:37	7:20	7:25	8:01	7:49	7:31	7:16	7:34	7:54	7:29	7:33	6:50	7:30	7:38	7:36	7:56
	26	7:52	7:27	7:09	7:15	7:50	7:40	7:21	7:07	7:27	7:41	7:19	7:22	6:42	7:21	7:28	7:24	7:44
September	2	7:43	7:16	6:57	7:03	7:39	7:31	7:10	6:58	7:20	7:29	7:07	7:11	6:33	7:10	7:18	7:11	7:32
	9	7:33	7:05	6:45	6:51	7:27	7:22	6:59	6:48	7:12	7:16	6:56	7:00	6:23	6:59	7:07	6:58	7:20
	16	7:23	6:54	6:33	6:39	7:15	7:13	6:47	6:39	7:05	7:02	6:44	6:48	6:14	6:48	6:56	6:44	7:07
	23	7:14	6:43	6:20	6:27	7:03	7:03	6:36	6:29	6:57	6:49	6:32	6:37	6:04	6:37	6:44	6:31	6:54
	30	7:04	6:31	6:08	6:15	6:51	6:54	6:24	6:19	6:49	6:36	6:20	6:25	5:55	6:26	6:33	6:17	6:41

This candlelighting chart is taken from *Hebcal Interactive Jewish Calendar* and is used by permission. The data is calculated based on Hebcal Version 3.4 by Danny Sadinoff and Web interface by Michael J. Radwin. If your city is not on the chart, you may look it up on the Hebcal website www.hebcal.com.